K.L.A.R.

TOTAL VERKNALLT!

KURT WASSERFALL

ECHT KOMPLIZIERT BEIM ERSTEN MAL

Verlag an der Ruhr

K.
L.
A.
R.

Kurz – **L**eicht – **A**ktuell – **R**eal

Impressum

Titel Total verknallt! Echt kompliziert beim ersten Mal
Autor Kurt Wasserfall
Druck DRUCKZONE, Cottbus
Verlag Verlag an der Ruhr
Alexanderstr. 54 – 45472 Mülheim an der Ruhr
Postfach 102251 – 45422 Mülheim an der Ruhr
Tel. 02 08/439 54 50 – Fax 02 08/439 54 39

ISBN 3-86072-931-4

geeignet für die Klasse 6 | 7 | 8 | 9 | 10

Über den Autor

Kurt Wasserfall, geboren 1952, wuchs in Ostfriesland auf. Er studierte in Köln, danach reiste er durch Europa.
Er arbeitete in verschiedenen Berufen, besonders gerne als Strandwärter, Regieassistent und Schauspieler.
Seit 1989 ist Kurt Wasserfall freier Schriftsteller und veröffentlicht Kinder- und Jugendbücher, Gedichte und Erzählungen.
Er gibt Kurse in Atem- und Stimmtechnik und in freier Theaterarbeit.
Er wohnt mit seiner Familie in Jagdhaus bei Schmallenberg, geht gerne spazieren und erfindet dabei Geschichten.
Am liebsten aber verreist Kurt Wasserfall ans Meer oder in den Süden in die Sonne, nie aber ohne sein Notizbuch, das ist immer dabei.

1.

Benni öffnete die Augen, er hatte etwas Verrücktes geträumt, aber was genau, konnte er nicht mehr sagen.
Er blinzelte ins Tageslicht. Über seinem Bett hing die V-Star II, ein Segelflugmodell mit Elektroantrieb. Er hatte es selbst gebaut. Rot und orangefarbene Flügel, ein V-förmiges Höhenleitwerk, es sah cool aus. Er hatte es schon lange nicht mehr fliegen lassen, hier in der Stadt war das kaum möglich, und seit er im Kaufhaus arbeitete, hatte er viel weniger Zeit als früher.
Ein Sonnenstrahl fiel auf den Segler und ließ die Flügel aufleuchten. Außerdem interessierte er sich inzwischen mehr für richtige Segler, denn sobald er das Geld zusammenhatte, würde er seinen Segelflugschein machen, zumindest damit beginnen.
Auf einmal wusste Benni, heute würde sein Glückstag sein, er spürte das wie eine Vorahnung. Vielleicht sollte er heute Lotto spielen? Zwei Millionen Euro könnte er gut gebrauchen, dann würde er zum Segelschein

gleich das passende Flugzeug kaufen können.
Er blickte auf die Uhr, er hatte noch viel Zeit, schlenderte ins Bad und betrachtete sich ausgiebig im Spiegel.
Er duschte lange, dann zog er sich an.
In der Küche saß seine Mutter, sein Vater war schon gegangen.
„Guten Morgen“, sagte sie.
„Morgen“, sagte Benni und setzte sich.
Er goss sich Kaffee ein und trank in aller Ruhe.
„Du hast heute wohl viel Zeit?“, fragte seine Mutter.
„Ja, hab ich“, antwortete er. „Alle Zeit der Welt.“
„Hast du frei?“, fragte sie.
„Nein, wieso?“
„Na ja, es ist schon gleich sieben.“
Benni blickte auf die Uhr am Radio.
Tatsächlich, es war fünf vor sieben.
Um sieben fing seine Arbeit an.
„Mist!“, schimpfte er. Das schaffte er nie.
Dann war sein Wecker mal wieder stehen geblieben. Er zog seine Jacke über und machte sich schleunigst auf den Weg.
Die Straßenbahn fuhr ihm genau vor der Nase davon. Wieder Mist, dachte er. Doch seine gute Laune konnte das nicht trüben.

Als Benni mit fünfundzwanzig Minuten Verspätung durch den Personaleingang stürmte, hätte er beinahe den Chef umgerannt. Der blickte ihn finster an und beobachtete, wie Benni seine Personalkarte abstempelte, dann sagte er: „Na, Herr Benjamin Lange, wohl wieder mal zu viel rumgesumpft gestern Abend?“
„Nein, nein Chef“, sagte Benni betont freundlich. „Nur ein kaputter Wecker, wirklich.“
Und damit verschwand Benni in der Lebensmittelabteilung. Er sollte Waren auspacken, die Liste dazu holte er sich im Büro ab. Vor der Abteilung stand schon das Dosengemüse, er brachte es mit dem Handstapler in den Laden und packte die Dosen ins Regal.
„Was machst du denn hier?“, fragte plötzlich der Abteilungsleiter direkt hinter ihm.
„Hat man dir nicht gesagt, dass die Dosen ins neue Regal sollen?“
„Wieso neues Regal?“, fragte Benni. Aber der Abteilungsleiter diskutierte nicht lange,

die Dosen sollten einen Gang weiter. Nicht aufregen, sagte sich Benni.
Als das Geschäft öffnete, war Benni mit den Dosen fertig, seine Laune war immer noch ungetrübt.
Erst einmal machte er Frühstückspause bei Piet im Lager unten. Piet Knolle war schon alt, weit über sechzig. In jungen Jahren war er einmal Clown gewesen. Jetzt besserte er sich seine Rente mit diesem Job auf. Benni verstand sich gut mit ihm.
Bis mittags hatte sich Bennis großes Glück noch nicht eingestellt. Er musste mit dem Handstapler eine Palette zum Kühlregal bringen. An der Fleischtheke schimpfte eine Frau über den schlechten Service. Benni wollte um sie herumkurven, da drehte sich die Frau plötzlich um und stieß gegen die Palette. Die Becher mit Schlagsahne fielen zu Boden. „Igitt!“, kreischte die Frau und verschwand schnell.
„Dann wisch mal schön“, meinte die Verkäuferin.
Benni sah sich die Bescherung an. Schmierige süße Sahne floss über den Boden, dazwischen lag ein aufgeplatzter

Becher mit Magerquark. Echt lecker.
Vielleicht war das ja doch nicht sein Tag, überlegte Benni. Er holte die Putzsachen und wischte. Die Kunden machten einen großen Bogen um ihn herum.
Als Benni einmal aufblickte, sah er das Mädchen. Sie stand keine zwei Meter entfernt an der Aufschnitttheke und wartete, dass sie bedient wurde.
Benni schaute sie an.
Sein Herz klopfte auf einmal wie wild. Sie sah einfach super aus. Was für ein Girl!
Und wenn sie ihn jetzt hier am Boden mit Wischlappen bemerkte, wie peinlich wäre das!
Dann hatte sie schon den Aufschnitt bekommen und war verschwunden, ohne Benni überhaupt zu bemerken.
Er starrte ihr hinterher.
Er hätte ja rufen können: He, warte doch, wie heißt du denn? Wie ist deine Handynummer?
Aber er brachte keinen Laut heraus.
Ihr Anblick hatte ihn umgehauen.
Sie war das schönste Mädchen, das er je gesehen hatte. Also war es doch sein Spitzentag, dachte Benni und stieß einen Freudenschrei aus.

2.

An diesem Abend hatte Benni keine Lust auf gemeinsames Fernsehen, sein Vater wunderte sich zwar, aber Benni verzog sich nach dem Abendessen in sein Zimmer.
„Ist er krank?“, hörte er seinen Vater fragen.
„Vielleicht bekommt er eine Frühjahrsgrippe“, meinte seine Mutter.
Benni warf sich aufs Bett. Frühjahrsgrippe! Die hatten ja keine Ahnung.
Auch auf Musik hatte er keine Lust. Er träumte von dem Mädchen und stellte sich vor, wie es wäre, wenn sie mit ihm geredet hätte.
Es hätte auch anders kommen können. Wenn er nicht am Boden gehockt hätte mit dem Wischlappen. Sie hätte etwas gesucht und er hätte ihr geholfen. So wären sie ins Gespräch gekommen. Das Mädchen hätte sofort gemerkt, was für ein super Typ er war. Und er hätte ihr ein Kompliment gemacht. Sie sei die schärfste Frau der Welt oder so ähnlich.

Am nächsten Tag sollte Benni an Kasse zwei aushelfen, was er normalerweise super langweilig fand. Aber diesmal war er wirklich glücklich darüber und hätte seinen Chef dafür umarmen können. Denn wenn das Mädchen wieder auftauchen würde, würde er sie nicht verpassen. Auf jeden Fall musste sie an der Kasse vorbeikommen.
Die Zeit wollte einfach nicht vergehen. So viel Benni sich auch umblickte, er konnte sie nirgends entdecken, den ganzen Tag nicht.
Er zog die Waren über den Laser, kassierte, gab Wechselgeld heraus. Und immer so weiter, neue Waren auf dem Band, über den Laser gezogen, kassieren, herausgeben.
Benni stellte sich vor, er würde sie einladen, mit ihm zu fliegen. Sie würden von einem Motorflugzeug in die Höhe geschleppt werden, dann die Leine ausklinken und segeln. Nur sie beide allein im weiten blauen Himmel.
„He Mann, schlaf nicht ein!“, sagte ein Kunde, der ihm einen Fünfzig-Euroschein hinhielt.
„Ja, ja“, sagte Benni und kassierte brav.
Kurz vor Feierabend tauchte sie endlich auf, sie kam auf die Kassen zu.
Bennis Herz klopfte schneller.

Sie hatte einen halb vollen Einkaufswagen, weil aber viel Betrieb war, hatte auch Kasse eins auf. Und dort stellte sie sich an.
„Mist!“, fluchte Benni laut.
„Was meinen Sie, junger Mann?“, fragte die Kundin, die auf ihr Wechselgeld wartete.
„Sorry!“, murmelte Benni und blickte zu ihr, doch sie schien ihn nicht zu bemerken.
Sie schob ihren Wagen durch die Kasse, packte alles in einen Korb und war schon wieder verschwunden.
Benni war enttäuscht, sie hatte überhaupt nicht auf ihn geachtet, aber sie sah noch genauso super aus wie gestern.

Als Benni am nächsten Nachmittag Waren in die Tiefkühlfächer räumte, Pizza, Hefeklöße und Pommes, kam sie direkt auf ihn zu.
Er hörte mit dem Packen auf und starrte sie an.
Sie würde jedes Modelcasting gewinnen, dachte er.
Er stellte sich ihr in den Weg. Diesmal schob sie keinen Einkaufswagen, sondern eine

Kinderkarre. Darin saß ein kleines Kind und nuckelte an einem Stoffelefanten.
Sie blieb vor ihm stehen.
Er blickte ihr in die Augen.
Sie hatte tief dunkelblaue Augen und blonde, lockige Haare und im Kinn ein kleines Grübchen.
Sie sah einfach umwerfend aus.
„Hi!“, sagte sie.
Sie sprach ihn einfach so an, er war echt geschockt. In seinem Kopf rasten die Gedanken kreuz und quer, er konnte sie nur anstarren. Er musste irgendetwas sagen, leider fiel ihm überhaupt nichts ein. In seinem Kopf war plötzlich ein absoluter Filmriss.
„Kann ich mal vorbei?“, fragte sie.
Ihre Stimme drang an sein Ohr. Diese Stimme, dachte Benni, die klingt so toll. Er lächelte sie wieder an, aber was sie da gerade gesagt hatte, hatte er schon wieder vergessen.
Ob er sie zum Eis einladen sollte?
„Hallo, ich will vorbei“, sagte sie.
Das Kind in der Karre brabbelte etwas.
Jetzt war Benni richtig verwirrt.
Er riss sich zusammen.
„Ja klar kannst du vorbei, warum nicht?“,

sagte er und machte Platz. „Bitte sehr. Gern geschehen. Ich ...“

Er wollte noch viel mehr sagen, aber sie war schon weitergegangen mit ihrer Kinderkarre.

Er blickte ihr hinterher. Sie hatte nicht nur ein superhübsches Gesicht und eine tolle Stimme, sondern auch eine absolute Topfigur.

„Wie heißt du denn?“, fragte Benni.

Aber das Kind lachte plötzlich auf und sie achtete nicht mehr auf ihn.

Später sprach er mit Piet Knolle über diese Begegnung.

„Sie hat ein Kind, ganz klar. Sie ist bestimmt alleinerziehend. Da kann sie sicher einen Mann gebrauchen, der das Geld verdient“, sagte Benni und nickte. „Ein richtig süßes Kind.“

„Wie bitte?“, fragte Piet. „Und wenn sie nun ...“

Aber Benni wollte keine Einwände hören.

Eine alleinerziehende junge Frau mit Kind brauchte unbedingt einen Beschützer.

„Ich bin einfach verrückt nach ihr“, sagte Benni und grinste verträumt.

„Oh oh oh, da ist wohl wer total verknallt“, meinte Piet mit rundem Clownsmund.

„Wenn das nur gut geht.“

3.

Benni fühlte sich high.
Er deckte den Abendbrottisch, öffnete für seinen Vater eine Flasche Bier und quatschte munter drauflos, was seine Mutter sonst nicht von ihm kannte.
„Ist irgendetwas passiert?“, fragte sie.
„Ja klar“, sagte Benni. „Es passiert ja immerzu etwas. Also der Chef hat mich heute nicht genervt und sonst hab ich auch keinen Mist gebaut. Piets Frau liegt im Krankenhaus. Aber ich glaube, er genießt es, mal ohne seine Frau zu sein.“
„Wie kommst du denn darauf?“, fragte sein Vater, der sich an den Tisch gesetzt hatte.
Benni aß Bratkartoffeln und sprach mit vollem Mund weiter: „Na ja, die scheint ziemlich viel zu reden, vor allem, wenn er fernsehen will. Jedenfalls hat er das mal erzählt.“
„Sie ist ja wohl auch ziemlich viel allein“, sagte seine Mutter. „Da will sie sich abends eben mit ihm unterhalten.“
Benni war schon beim nächsten Thema, er sagte: „Was würdet ihr davon halten,

wenn ich bald Vater werden würde?
Ich meine, so ein kleines Kind ist doch richtig süß."
Er hatte einfach drauflos geplappert, ohne groß nachzudenken. Als plötzlich Stille eintrat und niemand mehr etwas sagte, blickte Benni von seinem Teller auf.
Seine Eltern starrten ihn schockiert an.
„Ja, was ist denn?", fragte Benni.
Der Vater schüttelte den Kopf und sagte immer noch nichts. Bennis Mutter legte betont langsam ihre Gabel zur Seite und blickte ihren Sohn an, als wäre er ein Alien oder ein Ungeheuer.
„Was habt ihr denn?", fragte Benni.
Langsam wurde er nervös. Er hatte doch nur so dahergeredet.
„Sag das noch mal", sagte sein Vater, dessen Stimme irgendwie bedrohlich klang.
„Na ja, ich hab ja nur so rumgesponnen", sagte Benni schnell. Jetzt dämmerte ihm, dass er besser geschwiegen hätte. Das ging seine Eltern ja auch gar nichts an.
Aus dem Mund seiner Mutter drang plötzlich ein spitzer Schrei: „Benni!"
„Reg dich bloß ab", sagte Benni beruhigend.

„Benni, sag dass das nicht wahr ist!“, flüsterte seine Mutter entsetzt.
„Genau“, sagte Benni schnell. „Alles gar nicht so schlimm. Ich wollte nur mal testen, wie ihr reagiert. War doch nur ein Scherz. Piet Knolle macht auch solche Scherze.“
„Der ist ja auch ein Clown“, sagte sein Vater kühl. „Was hat das zu bedeuten?“
„Gar nichts“, murmelte Benni.
„Hast du denn überhaupt eine Freundin?“, fragte seine Mutter. „Ich wusste ja gar nicht ...“
Jetzt bereute Benni es bitter, dass er überhaupt davon angefangen hatte.
„Nein, ich habe auch keine Freundin“, sagte er laut.
Er hätte gerne eine, eine ganz bestimmte. Aber das würde er niemandem mehr verraten. Die gerieten ja schier aus dem Häuschen, wenn man nur mal so herumfantasierte.
„Ich guck jetzt den Krimi“, sagte er schnell und verdrückte sich in sein Zimmer.

Den ganzen nächsten Tag wartete Benni sehnsüchtig, dass sie wieder auftauchte.

Er überlegte sich genau, was er dann sagen würde, vielleicht: „Hi! Du bist die süßeste Frau der Welt oder du hast die traumhaftesten Beine, die ich je gesehen habe.“
Nein, so redete doch kein Mensch, er musste etwas ganz anderes sagen.
Deine Augen sind wie Musik? Rhythmus in meinem Blut?
Das war ja wohl total abgedreht. Aber je länger er darüber nachdachte, desto weniger fiel ihm ein. Und egal, wie sehr er von ihr träumte, sie kam einfach nicht.
Und das war totaler Mist.
Benni redete in der Mittagspause mit Piet.
„Die Warterei macht mich ganz krank“, sagte er.
„Ja, ja“, sagte Piet. „Wo die Liebe so hinfällt.“
Dazu schnitt er wieder eine seiner Clownsgrimassen, die Benni überhaupt nicht lustig fand.
„Also man muss doch herausfinden können, wo sie wohnt“, überlegte Benni laut.
„Du musst sie ansprechen“, sagte Piet.
„Du musst sie einladen und dafür brauchst du ihre Handynummer. Wenn du die erstmal hast, hast du schon gewonnen.“

„Aber ich kann sie doch nicht einfach einladen?“, meinte Benni.
„Natürlich kannst du das“, sagte Piet ernsthaft. „Du musst richtig offensiv vorgehen. Du musst ihr sagen, du hättest dich unsterblich in sie verliebt. Sie sei die Königin deines Herzens. Darauf stehen die Frauen. Und du würdest auf der Stelle tot umfallen, wenn sie nicht mit dir Eis essen geht.“
„Ich weiß nicht“, meinte Benni.
„Oder du machst ihr ein Kunststück vor“, sagte Piet. „Feuerspucken vielleicht.“
„Feuerspucken?“ Benni schaute Piet ungläubig an.
„Hab ich dir noch nie erzählt, dass ich ein super Feuerspucker war?“, fragte Piet. „Feuerspucken, das mögen die Frauen.“
Benni schüttelte den Kopf, Piets Vorschläge überzeugten ihn nicht wirklich. Aber Piet ließ sich nicht stoppen: „Dann musst du es schaffen, dass sie mit dir ins Bett geht. Ihr macht klasse Sex. Du beweist ihr, dass du der beste Frauenverführer auf der Welt bist. Einfach der beste Liebhaber im Bett oder wo auch immer.“
„So ein Quatsch“, sagte Benni, das fand er jetzt richtig unpassend. An Sex hatte er noch

überhaupt nicht gedacht oder nur so am Rande. Piet hatte wirklich keine Ahnung, wahrscheinlich war er zu alt für richtige Gefühle.

Benni kehrte in den Laden zurück.

Mit Piet würde er auch nicht mehr darüber reden.

Er wartete den ganzen Tag.

Aber sie kam nicht.

Benni fühlte sich absolut depri.

Seine Mutter empfing ihn mit einer freudigen Überraschung:

„Deine Cousine Karola aus Hamburg kommt zu Besuch. Sie will hier ein kurzes Praktikum machen. Ist das nicht nett? Sie muss in deinem Zimmer wohnen. Das kannst du ihr ja wohl zur Verfügung stellen. Du ziehst so lange in die Kammer. Du bist ja sowieso den ganzen Tag nicht da.“

4.

Benni hatte seinen freien Samstag. Auf seine Freunde hatte er keine Lust. Er machte sich auf den Weg in die City.
Wenn er magische Kräfte hätte, würde er sie jetzt herbeizaubern. Einfach so, ein guter Spruch und schon würde sie vor ihm stehen.
Aber das klappte ja nur in Filmen oder Büchern.
Er kam an einem Reisebüro vorbei und betrachtete die Werbung für Flüge nach Australien, als er aus den Augenwinkeln eine Kinderkarre entdeckte und ...
Das gab es doch nicht, das war ja wirklich Zauberei, da ging sie gerade in den Park.
Sie war es und neben ihr ging noch jemand.
Wie hergebeamt, dachte Benni, echt irre.
Er stürzte hinter ihr her, doch dann zögerte er.
Also, mal schön locker und cool bleiben.
Er tat so, als habe er heute wirklich nichts anderes vorgehabt, als in diesem Park spazieren zu gehen. Er folgte den beiden Mädchen in sicherem Abstand. Sie gingen zum Spielplatz und Benni suchte sich eine

Bank, von der er alles genau beobachten konnte.
Sie nahm das Kind aus der Karre und setzte es auf eine Schaukel. Das Kind lachte und griff nach ihren blonden Haaren.
Wie schön ihre Haare sind, dachte Benni.
Das Kind schaukelte, während sie mit ihrer Freundin redete. Dann nahm sie das Kind von der Schaukel und stellte es auf die Beine.
Das Kind rannte zum Sandkasten, während sich die beiden Mädchen auf die Leitersprossen eines Klettergerüstes setzten und wieder redeten.
Benni überlegte krampfhaft, wie er mit den beiden ins Gespräch kommen könnte.
Er konnte doch nicht einfach hingehen und loslabern: Hallo, da bin ich? Oder: Hallo, ich finde deine Haare so sexy?

Aber da bekam Benni seine Chance von ganz allein, denn das Kind kletterte aus dem Sandkasten und rannte zu den Rosenbeeten, ohne dass die beiden Mädchen es überhaupt

bemerkten. Benni beobachtete das ganz genau. Das Kind lief hinter einer Amsel her, die den Weg entlanghüpfte. Es wollte den Vogel fangen. Mit seinen kurzen Beinchen rannte es schneller, doch die Amsel flüchtete in ein Gebüsch. Das Kind stolperte und fiel der Länge nach hin. Benni reagierte blitzschnell, sprang hin und hob das weinende Kind auf.
„Na, der Vogel war wohl schneller als du“, sagte Benni freundlich und nahm das Kind auf den Arm.
Er brachte es zu den beiden Mädchen und sagte: „Hier bring ich euch den Ausreißer zurück. Er ist hingefallen, er wollte einen Vogel fangen.“
„Der ‚Er‘ ist eine ‚Sie‘ und heißt Kleinsusanne“, sagte sie und nahm das Kind auf den Schoß.
„Danke“, sagte das Mädchen dann und sah Benni interessiert an.
„Kenn ich dich nicht irgendwoher?“, fragte sie.
Benni war irgendwie aus dem Konzept gebracht. „Du hast wirklich ein liebes Kind, ein süßes Mädchen“, sagte er schnell.
Er merkte, wie ihm gleichzeitig heiß und kalt wurde. Aber er durfte jetzt nicht aufgeben:
Er musste noch mehr sagen, er musste ihren

Namen wissen, er musste ihr ein Kompliment machen, er musste unbedingt ihre Handynummer rauskriegen. Das hatte er doch alles genau geplant und überlegt.
„Wer ist das denn?“, fragte die Freundin, es klang irgendwie abwertend.
„Ja klar, kennen wir uns“, sagte Benni schnell. „Ich jobbe im Kaufhaus, da sitze ich manchmal an der Kasse. Ich mache das, bis ich einen Ausbildungsplatz habe.“
„Ach so“, sagte die Freundin. Das klang jetzt gelangweilt und eher so, als wollte sie sagen, dann zieh mal wieder Leine.
Benni nahm allen Mut zusammen und sagte freundlich: „Du hast wirklich ein süßes Kind.“ Und dann nahm er seinen ganzen Mut zusammen und fügte ein Kompliment hinzu: „Du bist sicher die beste Mutter, die man sich vorstellen kann.“
„Was?“, fragte sie irritiert.
„Na ja, das kann doch jeder sehen“, sagte Benni. Jetzt fühlte er sich sicher, das Eis war gebrochen. „So wie du mit deinem Kind umgehst, richtig liebevoll, wirklich. Das tut nicht jede Mutter. Ich kenne Mütter, die denken überhaupt nicht an ihre Kinder.“

Sie sah ihn mit großen Augen an, die Freundin gluckste vor Vergnügen.
Sie unterbrach ihn: „Du denkst, Kleinsusanne ist mein Kind?"
Jetzt lachte die Freundin laut los und das Kind fing auch an zu lachen.
Benni sagte: „Na ja, sie sieht dir doch auch ähnlich, die Haare und so."
Und dann verstummte er. Wie total peinlich war das denn? Plötzlich begriff er, dass er nichts gecheckt hatte.
Die Freundin lachte noch immer und tat so, als wäre Benni ein Penner. Aber seine Traumfrau tat nicht so, sie nahm nur das Kind hoch und setzte es in die Karre.
Als sie weggingen, sagte sie zu Benni: „Ich bin ja vielleicht noch ein bisschen jung für ein Kind, meinst du nicht? Mit der Ähnlichkeit hast du schon Recht und Kinder mag ich auch. Nur mit eigenen Kindern werde ich mir noch viel Zeit lassen, das kannst du mir glauben!"
Lachend und tuschelnd verließen die beiden Mädchen den Park.
Benni starrte ihnen hinterher.
Er hatte die Schnauze voll.

Das war einfach zu viel, warum war er nur so ein Idiot? Warum hatte sein guter Geist ihn nicht gewarnt? Warum war er nur auf diese schwachsinnige Idee gekommen, sie für die Mutter zu halten? Warum war er immer der Schwachkopf?
Langsam ging er in die andere Richtung. Das war es dann wohl, dachte er frustriert. Er hatte seine Chance bekommen und es so richtig vermasselt. Er konnte sich nach einem neuen Mädchen umsehen, denn sie würde nie wieder mit ihm reden. Aber er wollte kein anderes Girl, er wollte nur sie.

5.

Benni hatte einen riesen Durchhänger, vor allem die Kunden bekamen das am Montag zu spüren.
Als Benni eine Kundin im Laden megalaut anmotzte, weil sie ihren Einkaufswagen mitten im Gang geparkt hatte und er nicht vorbei kam, stand der Chef plötzlich hinter ihm.
„Benjamin Langer“, tönte der Chef ärgerlich. „Langsam solltest du wissen, dass es im Geschäftsleben nur einen einzigen König gibt. Und das ist wer?“
Benni starrte ihn düster an und sagte kein Wort.
„Das ist ganz bestimmt nicht die Aushilfe!“, donnerte der Chef. „Und um dir darüber klar zu werden, kannst du im Tiefkühlraum die neue Lieferung einsortieren.“
Bennis Laune konnte gar nicht mehr schlechter werden, sie war eh schon auf dem Tiefpunkt.
Er zog sich seine Jacke über und arbeitete im Kühlraum verbissen vor sich hin, die Kälte spürte er fast gar nicht.

Als er abends nach Hause kam, kriegte er sofort Streit mit seiner Mutter.
„Wieso ist das Essen noch nicht fertig, ich hab totalen Hunger?“, schimpfte er, kaum war er in die Küche gekommen.
„Was gibt’s denn? Igitt, Möhrensalat! Du weißt doch genau, dass ich diesen Vegischrott nicht ausstehen kann!“
„Nun mal langsam, mein Herr Sohn, wie führst du dich denn hier auf!“, sagte seine Mutter und deckte weiter den Tisch.
„Ach, lasst mich doch alle in Ruhe!“, sagte Benni grimmig und verzog sich ohne Essen auf sein Zimmer.
Kaputt, genau das war er, dachte Benni, irgendwie total am Ende.

Bennis schwarze Stimmung dauerte genau drei Tage und zwei Stunden, dann musste er wieder die Kollegin an der Kasse vertreten, weil sie einen Termin beim Zahnarzt hatte.
Es war 17 Uhr und an der Kasse stand eine längere Schlange. Als Benni sich auf den

Kassenhocker zwängte, sah er sie am Ende der Schlange mit ihrem Einkaufswagen. Die Kinderkarre hatte sie nicht dabei. Benni wurde ganz aufgeregt und er merkte, dass seine Finger leicht zitterten. Immer schön cool bleiben, machte er sich Mut. Also hatte sie es ihm vielleicht doch nicht so übel genommen, dachte er und sein Herz flatterte. Denn sonst würde sie ja nicht in sein Geschäft kommen und sich ausgerechnet an seiner Kasse anstellen, oder?
Plötzlich war seine schlechte Laune wie weggeblasen. Er grinste die alte Dame an, die ihre Waren auf das Band gelegt hatte und fragte höflich: „Na wie geht's uns denn heute, liebes Muttchen?"
„Was heißt denn hier uns? Und was heißt hier liebes Muttchen? Unverschämtheit so etwas!", schimpfte die Dame entrüstet.
„War doch nicht so gemeint", sagte Benni versöhnlich und kassierte das Geld.
Benni blickte immer wieder zu ihr hin und sie erwiderte seinen Blick. Sein Herz klopfte schneller. Er versuchte, sich auf die Waren zu konzentrieren, die die Kunden auf das Band legten. Er durfte jetzt keinen Fehler machen.

Nur noch zwei Kunden waren vor ihr an der Reihe. Benni bemühte sich schneller zu kassieren und trotzdem cool zu bleiben. Hoffentlich bemerkte sie nicht, wie megamäßig aufgeregt er war.

Noch schlimmer wurde es, als sie anfing, die Waren aus ihrem Wagen auf das Band zu legen, als mache ihr das überhaupt nichts aus.
„Hallo!“, sagte er.
„Hallo“, sagte sie und lächelte ihn an.
„Wir kennen uns ja, nicht?“
„Ja klar“, sagte Benni und sah sie an.
Dann sagte er: „Es tut mir Leid, das mit neulich.“
„Was tut dir Leid?“, fragte sie.
„Na ja, dass ich gedacht hab, also weil ich meinte, dass du, mit dem Kind eben, Kleinsusanne.“
Jetzt stotterte er schon wieder wie ein Bekloppter, dachte er und wurde knallrot.
„Das ist schon o.k.“, sagte sie locker.
„Das fand ich gar nicht so schlimm.“

„Da bin ich aber echt happy“, sagte Benni und lachte erleichtert. Schnell fragte er: „Wie heißt du eigentlich und wo wohnst du? Ich würde dich gerne mal zum Eis einladen. Ich heiße Benni. Also eigentlich heiße ich Benjamin.“
Puh, das hatte er geschafft, jetzt hatte er alles gesagt, was er hatte sagen wollen und zum Eis hatte er sie auch eingeladen. Also jetzt war sie an der Reihe.
„He!“, sagte sie, „willst du nicht mal kassieren? Ich steh hier schon ’ne halbe Stunde. Und hinter mir stehen noch mehr Leute.“
„Na klar“, sagte Benni und begann die Waren einzulasern.
„Ich heiße Conny“, sagte sie leise, als dürfe es kein anderer hören.
„Super“, sagte Benni.
„Was meinst du?“, fragte sie erstaunt.
„Ja, dein Name und dass ich ihn endlich weiß“, sagte Benni und schob die Waren über das Band, ohne genau darauf zu achten, ob der Laser sie auch registrierte.
„Der passt gut zu dir. Conny, reimt sich auf Benni, wirklich ein super Name.“
„Du vergisst ja die Hälfte“, sagte sie und schüttelte ihren Lockenkopf.

„Macht nichts“, sagte Benni großzügig.
„Und was ist mit dem Eis?“
„Ja gut“, sagte sie, und hielt ihm das Geld hin.
„Morgen hab ich um 16 Uhr Feierabend“, sagte Benni. „Wäre das o.k.?“
„Ja klar“, sagte sie.
„Und wo?“, fragte Benni.
„Wann geht's denn hier endlich weiter?“, fragte plötzlich jemand laut und deutlich und alle in der Schlange grinsten, weil sie jedes Wort mitbekommen hatten.
„Immer mit der Ruhe“, sagte Benni, jetzt ganz Chef im Haus. „Also, wir können uns ja beim Brunnen in der Fußgängerzone treffen, o.k.?“
„O.k.“, sagte sie und lächelte noch einmal und schob mit ihrem Einkaufswagen davon.
Benni blickte verträumt auf die Waren, die der nächste Kunde aufs Band gelegt hatte.
„Cool!“, sagte er zu dem Kunden. „Einfach der Hammer!“
„Meinen Sie meine Spaghettis oder was?“, fragte der Kunde ironisch.
„Das dauert ja ewig hier“, meckerte der Nächste, aber Benni ließ sich heute nicht mehr aus der Ruhe bringen, nicht durch hektische Kunden und durch gar nichts mehr.

6.

Der Eisdielenbesitzer hieß Giorgio. Er hatte die Tische und Stühle nach draußen gestellt. Als Benni und Conny sich an einen der runden Tische setzten, kam Giorgio angeeilt und wedelte mit einer Serviette über den Tisch.
„Ciao ragazzi“, sagte er. „Was darf's denn sein?“
„Ich lade dich ein“, sagte Benni schnell, „ich möchte eine Bananenmilch.“
„Und die Signorina?“, fragte Giorgio charmant.
„Die Signorina nimmt eine Erdbeermilch“, sagte Conny genauso charmant.
„Giorgio ist o.k.“, sagte Benni. „Ich bin oft hier. Ich wohne gar nicht weit von hier, ein paar Straßen weiter.“
„Ich bin nur hier, wenn ich für meine Schwester babysitte“, sagte Conny.
„Und wo wohnst du?“, fragte Benni.
Conny sagte ihm ihre Adresse.
„Meine Schwester ist alleinerziehend“, fuhr Conny fort. „Mit achtzehn hat sie Kleinsusanne bekommen. Du kannst dir vorstellen, was da bei uns los war, ohne Mann und so.“

„Ja“, Benni nickte, das konnte er sich gut vorstellen, klar.
Giorgio brachte ihre Bestellung.
„Wunderbares Wetter heute“, schwärmte Giorgio und verschwand wieder.
„Na ja, und jetzt macht sie eine Fortbildung in Abendkursen und ich passe öfter auf Kleinsusanne auf.“
„Ich mag kleine Kinder“, sagte Benni und sog an seinem Strohhalm.
Conny lachte ihn an und sagte: „Ich auch, aber bis ich mir ein eigenes Kind zulege, lass ich mir lieber noch ein paar Jahre Zeit. Das ist ganz schön stressig, das kannst du mir glauben. Und was machst du so?“
„Ich jobbe und warte auf einen Ausbildungsplatz. Ich will mal Kaufmann für Segelflugzeuge werden und selbst fliegen“, erklärte Benni. Das fand Conny richtig interessant und er erzählte ihr von den Segelflügen, die er schon mit einem Vetter seines Vaters gemacht hatte. Auch dass er bald seinen Segelschein machen wollte und dass er sich in der Wetterkunde schon ziemlich gut auskannte.
Sie redeten und tranken ihre Milchshakes und verstanden sich einfach total super.

Plötzlich piepte Connys Handy in ihrer Jackentasche. Sie holte es heraus und blickte auf das Display, dann sagte sie, sie müsse gehen, sonst bekäme sie Ärger mit ihren Eltern.
„Ich bringe dich noch ein Stück“, sagte Benni und bezahlte bei Giorgio.
Sie gingen die Fußgängerzone entlang.
An der Kreuzung wollte Conny den Bus nehmen.
„Ich finde dich richtig nett und würde dich gern wiedersehen“, sagte Benni zögernd.
Conny blieb stehen und sah Benni in die Augen, als müsse sie da irgendetwas einer strengen Prüfung unterziehen.
Wenn sie jetzt ‚nein‘ sagt, das wäre echt die Vollkatastrophe, dachte Benni und sein Herz raste.
„Ich finde dich auch nett“, sagte Conny einfach. „Hier hast du meine Handynummer“, sie gab ihm einen Zettel, den sie aus der Tasche hervorzauberte, einfach so.
Benni strahlte. Er war happy wie noch nie. Beinahe hätte er ihr einen Kuss auf die Wange gegeben, aber das traute er sich dann doch nicht. Stattdessen breitete er die Arme wie ein

Segelflugzeug aus und kreiste um sie herum. Conny lachte vergnügt, da kam auch schon der Bus und sie stieg ein, während Benni jetzt richtig abhob.

Abends schickte er Conny eine SMS: „Morgen könnte ich dich noch mal einladen?! Benni“
Die Antwort kam sofort: „Morgen kann ich nicht, aber Freitag 16 Uhr am Brunnen.“
„Super!“, antwortete Benni per SMS.
Am Freitag kam Benni zehn Minuten zu spät. Er war sauer auf seinen Chef, der ihn kurz vor Feierabend noch beauftragt hatte, Wechselgeld zu holen. So hatte er erst später Schluss gemacht.
Er hoffte, dass Conny warten würde, doch als er am Brunnen ankam, war sie nirgends zu sehen.
Benni schickte ihr eine SMS, auf die sie nicht reagierte. Er wartete weitere zwanzig Minuten, wurde immer nervöser und verfluchte seinen Chef, aber das half auch nicht. Conny tauchte deshalb nicht auf.

Um halb fünf beschloss Benni, Conny zu Hause zu besuchen. Sicher war ihr etwas dazwischengekommen und was konnte sie schon dagegen haben, wenn er sie abholte? Ihre Adresse wusste er ja.
Er fuhr mit dem nächsten Bus in ihr Stadtviertel, doch als er vor dem hohen Altbau stand, in dem Conny wohnte, bekam er Zweifel. Aber er wollte Conny unbedingt sehen. Also verdrängte er die Zweifel, klingelte und öffnete die Haustür, als der Summer ertönte.
Conny wohnte im dritten Stock. Benni nahm nicht den Aufzug, sondern stieg die Treppen hoch, um etwas Zeit zu gewinnen. Vor der Wohnungstür begrüßte ihn eine Frau, die genauso blonde Haare wie Conny hatte. Das war sicher Connys Mutter, überlegte Benni und setzte ein höfliches Gesicht auf. „Und Sie wünschen?“, fragte sie kurz angebunden.
Benni hielt ihr die Hand hin, aber die Frau blickte ihn nur kritisch an. Er sagte: „Guten Tag, ich bin ein Bekannter von Conny und möchte gerne ...“ Weiter kam er nicht, denn Connys Mutter unterbrach ihn:

„Das glaub ich nicht. Ich kenne alle Freunde von Conny. Dazu gehörst du sicher nicht!“
Sie drehte sich zur Wohnung um und rief hinein: „Conny, komm mal bitte! Hier behauptet jemand, er würde dich kennen! Aber ich habe ihn hier noch nie gesehen!“
Benni stand völlig abgetörnt da. Als Conny kam, sagte er matt: „Hi, ich bin’s.“
„Kennst du den etwa?“, fragte Connys Mutter.
„Nie gesehen“, sagte Conny.
Benni wollte schon protestieren, aber etwas in Connys Blick schien ihn zu warnen.
Conny drehte sich um und verschwand schnell in der Wohnung.
„Aber Conny, ich bin’s doch“, rief Benni verzweifelt hinter ihr her.
„Du kennst ja ihren Namen“, sagte Connys Mutter, als dürfe das nicht sein.
„Wir waren zusammen in der Eisdiele“, versuchte Benni zu erklären, doch Connys Mutter blickte ihn abfällig an und meinte:
„Unsere Conny kennt überhaupt keine Jungen wie dich. Du bist sicher auf Droge, was?
Also verschwinde, sonst ruf ich die Polizei.“
Connys Mutter machte auf dem Absatz kehrt und schloss die Tür mit einem lauten Knall.

Wie vom Donner gerührt stand Benni da. Er konnte es nicht fassen. Noch einmal zu klingeln, wagte er auch nicht, die hatten ihn ja eiskalt abserviert.
Was war denn mit Conny los? Hatte die 'nen Knall? Das war doch völlig irre. Sie musste ihn doch wieder erkennen. Das gab es doch nicht!
Langsam ging Benni die Treppen hinunter. Vor dem Haus schrieb er gleich eine SMS, aber er bekam keine Antwort. Ihm blieb nichts anderes übrig, als nach Hause zu gehen. Irgendetwas stimmte hier nicht und er würde schon herausfinden, weshalb Conny ihn so massiv verleugnet hatte.
Es machte ihn total traurig und er fühlte sich ausgenutzt.
Das ganze Wochenende über grübelte Benni. Er schrieb etliche SMS, auf die Conny aber nicht reagierte. Er fühlte sich einfach geleimt. Mit seinen Eltern mochte er nicht darüber reden, und seinen Freund Paul konnte er auch nicht erreichen. Am Montag würde er mit Piet Knolle darüber reden. Vielleicht hatte der eine Idee, was das Ganze sollte.

7.

Auch Piet konnte Connys seltsames Verhalten nicht erklären. Im Gegensatz zu Benni hatte Piet sehr gute Laune, weil es seiner Frau besser ging.
„Sie hat dich verleugnet, weil sie eine geheimnisvolle Frau sein möchte“, sagte Piet, dann fuhr er unbekümmert fort: „Und wenn sie nicht mehr so herumzickt, musst du sie verführen. Klar, die Frauen lieben nichts mehr als Geheimnisse und eine kunstvolle Verführung. Über Verhütung und Aids und so weißt du ja wohl hoffentlich Bescheid?“
Benni sah Piet ungläubig an. Wie kam der Laberfritze denn jetzt auf Verhütung und Aids? Das war ja wohl überhaupt nicht das Problem.
„Hörst du mir überhaupt zu?“, fragte Benni.
„Sie redet nicht mehr mit mir, das ist das Problem und nicht Sex. Aber du hast ja wohl immer nur das Eine in deinem Clownsschädel!“
„Das Eine ist das Wichtigste“, meinte Piet.
„Ich halte das nicht mehr aus“, sagte Benni.
Er war echt verzweifelt.

Piet konnte das nur bestätigen. „Du bist leichenblass“, meinte der Clown und klopfte Benni aufmunternd auf die Schulter. „So kann das doch nicht weitergehen, Junge, das ist doch keine Katastrophe. Das Leben hat ganz andere Tragödien auf Lager, das kannst du mir glauben!“

Plötzlich sprang Benni auf. „Genau!“, rief er und fuchtelte wild mit den Armen. „Ich ertrage das nicht länger! Sag dem Chef, dass ich krank geworden bin, sag irgendwas, ich hau ab.“

Und ehe sich Piet versah, verschwand Benni aus dem Lager. Zum Glück wusste er, auf welche Schule Conny ging.

Benni wartete hinter einem Gebüsch am Parkplatz der Realschule, bis die nächste große Pause begann und die Schüler aus dem Haupteingang strömten. Er schlenderte auf den Schulhof und tat so, als gehöre er zu den Realschülern. Er war aufgeregt, seine Hände waren schweißnass. Er blickte sich suchend

um. Conny konnte er nirgends entdecken. Aber er musste sie unbedingt finden, sonst würde er noch durchdrehen.
Dann sah er ihr blondes Haar. Sie stand am anderen Ende, gleich bei der Einfahrt.
Sie stand ganz allein da und wirkte tierisch genervt. Benni ging schnell hin.
Jetzt trommelte sein Herz noch viel mehr, es tat richtig weh. Hoffentlich bekam er keinen Herzinfarkt.
„Hallo“, sagte er leise, als er neben ihr stand. „Hallo, ich bin’s.“
Sie drehte sich um und sagte vor Erstaunen erst einmal gar nichts. Sie blickte ihn mit großen Augen an. Und dann sah Benni, wie sich eine Träne in ihrem Auge bildete und ihr langsam über die Wange lief.
„Benni, du?“, flüsterte Conny. „Wo kommst du denn her?“
„Ich musste dich sehen“, sagte Benni. „Ich muss mit dir reden. Ich hab dich irgendwie vermisst.“
Plötzlich flippte Conny aus. Sie umarmte Benni stürmisch, gab ihm ganz schnell einen Kuss auf den Mund und sagte:
„Oh ich freu mich so, dass du da bist!“

Conny schniefte, wischte mit dem Ärmel über ihre Nase, dann redete sie ganz schnell weiter: „Lass uns abhauen hier, ich hab nur noch Mathe, das kapiere ich sowieso nicht. Wartest du? Ich hole nur schnell meine Sachen."
Benni konnte überhaupt nichts sagen – schon war Conny weg und eine Minute später kam sie mit ihrem Rucksack zurück, griff seine Hand und zog ihn mit sich.
„Bloß weg hier!"
Sie verdrückten sich unbemerkt vom Schulgelände. Als es zum Ende der Pause klingelte, waren sie schon an der nächsten Bushaltestelle.

„Ich weiß, wohin wir fahren", sagte Benni, als sie im Bus saßen. „Ich zeige dir meinen geheimen Lieblingsplatz."
Am Berliner Platz stiegen sie um. Fast die ganze Busfahrt über schwiegen sie. Sie sahen sich nur ab und zu an und dann mussten beide lächeln. Benni war jetzt ganz ruhig.

Conny würde ihm alles erklären und alles würde gut werden. Sie war da und das war das Wichtigste.
Sie fuhren zum Flughafen, stiegen aber nicht an den Abfertigungsgebäuden aus, sondern fuhren mit dem Bus bis zum Wendeplatz. Dann gingen sie am Zaun der Landebahnen entlang, bis sie an ein Wäldchen kamen. Dahinter lag eine Wiese mit Blick auf die Landebahn Süd. Sie setzten sich ins Gras. Hier waren sie völlig ungestört.
„Hast du meine SMS bekommen?“, fragte Conny und nahm Bennis Hand. „Es tut mir alles so Leid, ich hab alles falsch gemacht.“
Eine SMS hatte Benni nicht bekommen, er fragte: „Und warum hast du mich nicht mehr gekannt?“
„Meine Mutter war doch dabei“, erklärte Conny. „Sie dreht durch, wenn es um Jungen und so geht. Seit meine Schwester Kleinsusanne bekommen hat, sind meine Eltern total streng, besonders mit mir. Und wenn meine Mutter gewusst hätte, dass ich … dass wir … na ja, so eben.“
„Klar“, sagte Benni und legte seinen Arm um Conny. Jetzt verstand er es wirklich.

„Übers Wochenende waren wir weg“, fuhr Conny fort. „Freitagnacht hab ich dir eine SMS geschickt, aber du hast nicht geantwortet, und ich dachte, du bist jetzt total sauer und genervt.“
„Bin ich nicht“, sagte Benni. „Ich war nur traurig und wusste nicht, was Sache war.“
„Ich dachte, du willst nichts mehr von mir wissen und es ist alles aus“, sagte Conny leise. Sie schmiegte sich in seinen Arm. Benni roch den Duft ihrer Haare und dann küsste er sie in ihre Locken.
„Ich will noch ganz viel von dir wissen“, sagte er. „Ich hab dich richtig gern und deine Eltern brauchen ja nichts davon zu wissen.“
„Ich dich auch“, sagte Conny. „Ich hab noch nie einen Jungen so gern gehabt.“
Benni wollte etwas sagen, aber in dem Moment setzte eine Boing 737 zur Landung an. Donnernd und mit irrem Getöse flog sie keine 100 Meter über die beiden hinweg und landete auf der Rollbahn.
„Dein Lieblingsplatz ist ziemlich laut“, schrie Conny und lachte.
„Mindestens hunderttausend Dezibel“, schrie Benni zurück.

Wie weggeblasen war ihre miese Stimmung. Benni kitzelte sie und Conny kreischte auf, sprang hoch und rannte über die Wiese. Benni versuchte sie zu fassen, aber Conny war schneller. Plötzlich ließ sie sich ins Gras fallen und stellte Benni ein Bein. Er stolperte und kugelte neben sie. Er hielt ihre Hand fest und dann küssten sie sich auf den Mund, ganz lange.
„Du schmeckst so gut“, sagte Benni liebevoll.
„Ich bin doch kein Stück Kuchen“, sagte Conny entrüstet. Benni streichelte ihr Gesicht, er glitt mit den Fingerspitzen über ihre Augenbrauen und roch an ihrem Lockenhaar. Als das nächste Flugzeug landete, küssten sie sich wieder und der Krach störte sie kein bisschen.

Bevor sie in die Stadt zurückkehrten, sagte Benni: „Wenn ich erst mal mein eigenes Segelflugzeug habe, segeln wir beide davon, ja?“
Conny sah ihn an, sagte aber nichts.

Sie verschwieg ihm, dass sie Fliegen überhaupt nicht ausstehen konnte. Sie hatte schreckliche Flugangst und war überhaupt nicht schwindelfrei. Sogar über eine normale Fußgängerbrücke konnte sie kaum ohne Herzklopfen und Schweißausbrüche gehen. Das musste Benni ja nicht unbedingt wissen, sonst würde er sie vielleicht nicht mehr cool finden, befürchtete sie.
Zu Hause wurde Benni von seiner Cousine Karola empfangen, die inzwischen in sein Zimmer gezogen war. Benni reagierte kurz angebunden, verzog sich in seine Kammer und legte sich auf die Campingliege.
Er träumte von Conny, wie schön sich ihre Haut anfühlte. Er träumte von ihren sexy Lippen, die ihn so hypermäßig geküsst hatten und von ihrem schnuckeligen Hintern.

8.

Erst Donnerstagabend bekam Conny die Erlaubnis ihrer Eltern, bis elf in die Disko gehen zu dürfen, und auch nur, weil ihre Freundin mitging. Conny hatte Benni kurz auf dem Handy angerufen und sie hatten sich im *Dark Angel* verabredet.

Benni war viel zu früh. Er stand wartend in der Nähe der Treppe.

Endlich kam Conny mit ihrer Freundin. Sie entdeckte ihn sofort. Die Freundin musterte ihn nur neugierig und ging dann zu einem anderen Jungen, der offensichtlich auf sie gewartet hatte.

„Hi!“, sagte Benni und strahlte übers ganze Gesicht.

„Hi!“, sagte Conny. „Ich möchte tanzen, komm!“

„Ich hatte richtig Sehnsucht nach dir“, sagte Benni, aber die harten Bässe übertönten seine Worte.

Sie tanzten fast den ganzen Abend, entweder wild und ausgelassen oder eng umschlungen. Bis Conny um kurz vor elf sagte, sie müsse

nach Hause. Aber sie habe eine Überraschung für ihn.
„Was für eine Überraschung?“, fragte Benni, als sie draußen vor der Disko standen.
„Hast du morgen Abend Zeit?“, fragte Conny. „So ab 17 Uhr?“
„Ja klar“, sagte Benni. „Ich hab um 16 Uhr Schluss.“
„Wenn du willst, kannst du mit mir babysitten“, sagte Conny. „Den ganzen Abend, meine Schwester hat Kurs und kommt erst um elf nach Hause. Wir haben die Wohnung für uns. Mit Kleinsusanne.“
„Super“, sagte Benni.
„Tschüs!“, sagte Conny und weg war sie.

Kleinsusanne fand es überhaupt nicht lustig, dass ein fremder Junge in ihrer Wohnung auftauchte, kaum war ihre Mami zum Kurs gegangen. Und auch als Conny sie auf den Arm nahm und ihr erklärte, dass der fremde Junge ganz lieb sei und supernett und überhaupt, strampelte Kleinsusanne mit

den Beinen und quäkte protestierend: „Der soll weg!"
Aber als Benni wie ein Frosch quakte und dabei durchs Kinderzimmer hüpfte, fand Kleinsusanne das ganz lustig.
Sie spielten eine Weile mit Kleinsusanne. Dann fütterte Conny sie mit Bananenbrei, danach ging es in die Badewanne und dann war Kleinsusanne fertig fürs Bett. Aber Kleinsusanne wollte natürlich nicht schlafen, sondern mit dem fremden Jungen quaken und Frosch spielen.
Sie wollte einfach nicht einschlafen.
Bis Conny die glänzende Idee hatte, ihr einen Schlaftee zu machen. Den Tee gaben sie Kleinsusanne mit der Nuckelflasche und wirklich, bald darauf schlief sie ein und Conny trug sie behutsam ins Bett.
„Na, endlich!", sagte Conny. „Der Abend gehört uns."

Endlich konnten sie es sich auf dem Sofa gemütlich machen. Sie schalteten den

Fernseher ein, den Ton stellten sie aus.
Zuerst saßen sie brav nebeneinander.
Benni traute sich nicht, Conny in den Arm zu nehmen, obwohl er sich nichts sehnlicher wünschte.
Ausgerechnet jetzt musste er an Piet Knolle und dessen blöde Ratschläge denken und er lachte.
„Warum lachst du?“, fragte Conny, die auf den stummen Fernseher gestarrt hatte.
„Ich hab so einen komischen Arbeitskollegen“, sagte Benni. „Ein ehemaliger Clown. Der hat immer so saublöde Ideen, lustige eben, er war ja mal ein Clown.“
„Was für Ideen?“, fragte Conny. Sie wollte das genauer wissen.
„Ich hab jetzt eine viel bessere Idee“, sagte Benni.
Er nahm Conny einfach in den Arm und küsste sie.
„Das war eine echt gute Idee“, murmelte Conny und erwiderte seinen Kuss.
Benni streichelte Conny, schmiegte sich an sie und Conny knabberte an seinem Ohrläppchen, was Benni echt verführerisch fand. Langsam glitt Bennis Hand unter

Connys T-Shirt: Er berührte ihren BH, ihre Brüste, streichelte sie und Conny ließ ihn machen.
„Das ist schön“, flüsterte sie.
„Du bist das coolste Girl der Welt“, flüsterte Benni und küsste sie wieder und wieder auf den Mund, die Augen und ihren Hals.
„Und du bist mein Kusslover“, sagte Conny und gluckste vor Vergnügen.
Benni wollte gerade ihren BH beiseite schieben, da hörten sie ein Geräusch.
„Was war das?“, fragte Conny erschrocken.
„Sicher Kleinsusanne“, sagte Benni beruhigend.
Er wollte jetzt ihre Brüste streicheln und nicht von Kleinsusanne gestört werden, wirklich nicht.
Auf einmal wurde die Tür aufgerissen und Connys Mutter stand da, wie eine schreckliche Rachegöttin.
„Was ist denn hier los?!“, schrie sie.
„Conny! Was hat das zu bedeuten?
Wer ist das?“
Benni sprang entsetzt vom Sofa auf und zog sich das T-Shirt glatt, aber Conny bewahrte merkwürdigerweise die Ruhe.

„Reg dich nicht auf, Mam“, sagte sie, stand auf und stopfte ihr T-Shirt in die Hose.
„Das ist Benni, ein guter Freund von mir und wenn du so laut bist, wacht Kleinsusanne auf. Außerdem kennst du ihn schon, er ist wirklich o.k.“
„Ich wusste doch, dass da etwas nicht stimmt!“, keifte Connys Mutter. „Ich hatte das im Gefühl. Du bist so vergnügt zum Babysitten gegangen, ich hab's mir doch gedacht, ha!“
„Du gehst besser!“, sagte Conny und brachte ihn in den Flur. „Ich klär das schon, noch einmal werde ich dich nicht verleugnen.“
Ehe sie ihn aber hinausließ, gab sie ihm einen heißen Kuss.
„Ich mag dich sehr“, flüsterte sie zum Abschied. „Das war schön mit dir. Ich ruf dich an. Meine Mutter wird sich schon wieder beruhigen.“
Als Benni durchs Treppenhaus ging, hörte er Connys Mutter keifen wie eine Furie. Es störte ihn nicht, er nahm drei Stufen auf einmal und spürte noch immer Connys Atem auf seinem Gesicht.

9.

Am nächsten Morgen saß Benni allein mit Karola am Frühstückstisch. Karola bedankte sich zuerst, dass er ihr sein Zimmer überlassen hatte. Sie erzählte von Hamburg und ihrem Praktikum hier, aber Benni hörte nur mit halbem Ohr zu. Das fiel seiner Cousine auf und sie fragte ihn ganz offen, ob er Probleme habe.
Zuerst mochte Benni nicht mit ihr darüber reden. Er kannte sie ja nicht so gut. Aber Karola war sehr offen, und Benni verstand sich plötzlich richtig gut mit ihr. Was sie so erzählte, gefiel ihm. Zum Schluss erzählte er von Connys Mutter, die plötzlich in der Tür gestanden hatte und schon waren sie beim Thema Liebe.
Es war Samstag und Karola lud ihn in die Eisdiele ein. Benni ging mit ihr zu Giorgio. Weil es zu regnen angefangen hatte, setzten sie sich hinein und bestellten Cappuccino. Benni erzählte von Conny. Wie er sie das erste Mal gesehen hatte, am Boden rumrutschend zwischen der klebrigen Sahne.

Darüber musste Karola herzhaft lachen und Benni fand es im Nachhinein auch komisch. Die beiden bemerkten nicht, dass Conny gerade eben in die Eisdiele gekommen war. Conny hatte Benni gesucht und gehofft, ihn hier zu treffen. Jetzt sah sie ihn mit einem anderen Mädchen zusammen. Beide wirkten total vergnügt und achteten auf nichts anderes.
Das konnte ja nur eins bedeuten, dachte sich Conny. Sie drehte sich abrupt um und verschwand. Benni entdeckte sie durch die große Glasscheibe. Er wollte hinter ihr her, aber als er draußen stand, war sie weg.
„So ein Mist!“, fluchte er.
„Das war sie?“, fragte Karola. „Warum ist sie nicht zu uns gekommen?“
„Weiß ich auch nicht“, sagte Benni und setzte sich wieder hin.
„Sie sieht tierisch gut aus“, sagte Karola.
Bennis gute Laune war verflogen.
Er versuchte sofort, Conny auf dem Handy zu erreichen, doch sie hatte es offensichtlich ausgestellt.
Er schrieb hastig eine SMS, dass er sie treffen wolle. Dann ging er mit Karola nach Hause.

Karola verstand seine Befürchtungen, aber nahm es nicht so tragisch.
„Das kannst du doch leicht aufklären“, meinte sie.
„Aber ich kann ja nicht mal zu ihr nach Hause gehen“, sagte Benni. „Dann bringt mich ihre Mutter um. Und wenn sie ihr Handy auslässt, dann …“

Den ganzen Sonntag hörte Benni nichts von Conny.
Es war ja eigentlich nichts dabei, wenn er mit seiner Cousine in die Eisdiele ging. Warum hatte er Conny eigentlich nichts von Karola erzählt? Dann wäre dieses Missverständnis gar nicht erst entstanden. Aber so war mal wieder alles schief gelaufen.
Als Benni Montagfrüh zur Arbeit ging, schimpfte er auf Karola. Sie hatte Schuld an dem blöden Irrtum. Weshalb musste sie ausgerechnet hier ein Praktikum machen und ihn auch noch in die Eisdiele einladen? Mit einem anderen Mädchen wäre er nie

in die Eisdiele gegangen. Im Hinterkopf wusste Benni genau, dass Karola überhaupt nichts dafür konnte, aber er brauchte einfach einen Sündenbock.
Piet spürte seine schlechte Laune und konnte es nicht lassen, seinen Senf dazuzugeben.
„Na, hat sie dich verlassen?“, fragte er, als sie sich im Lager begegneten.
„Von wem redest du?“, fragte Benni brummig.
„Bestimmt nicht vom Weihnachtsmann“, antwortete Piet.
„Lass mich in Ruhe“, sagte Benni.
„Willst du einen Witz hören?“, fragte Piet. „Der ist allerdings ein bisschen frauenfeindlich, aber das stört dich im Moment wohl nicht, oder?“
„Du hast doch einen Programmfehler“, sagte Benni. Piet nervte ihn, er verschwand aus dem Lager.

Benni musste bis zwanzig Uhr im Geschäft bleiben. Ziemlich erledigt kam er nach Hause. Seine Eltern waren eingeladen und würden

vor Mitternacht nicht zurück sein. Nur seine Cousine würde ihn nerven.
Karola empfing ihn. Sie hatte beste Laune und ließ sich überhaupt nicht beirren, als Benni sich gleich auf die Liege verziehen wollte.
„Nichts da!“, sagte sie. „Wir kriegen Besuch. Da musst du unbedingt dabei sein.“
„Wer kommt denn?“, fragte Benni. Besuch war ja wohl die blödeste Idee an so einem Abend.
„Vielleicht der Weihnachtsmann“, sagte Karola und lachte schallend über ihren Witz.
Benni fand das überhaupt nicht mehr komisch.
In dem Moment klingelte es und Karola riss die Wohnungstür auf. „Bitte sehr, komm rein, ich bin Karola“, sagte sie und ließ jemanden herein.
Benni hörte eine Stimme und plötzlich machte sein Herz wieder ganz wilde Sprünge.
„Conny!“, rief er.
Conny stand da und sah ihn an. Sie lächelte etwas verlegen und Benni wusste nicht, was er sagen sollte.
„Ich hab mir gedacht, ich lade sie mal ein“, sagte Karola, die plötzlich eine Flasche Sekt hervorzauberte. „Ich hab einen Zettel mit ihrer

Handynummer in deinem Zimmer gefunden und weil ich ja nun die Ursache für das Missverständnis war, wollte ich es wieder ausbügeln."
„Echt straight", sagte Benni und nahm Conny in den Arm.
„Find ich auch", sagte Conny und pustete Benni zärtlich ins Gesicht. „Ich war ganz schön eifersüchtig", flüsterte sie.
Zu dritt machten sie es sich in Bennis Zimmer gemütlich, tranken Sekt, hörten Musik und redeten. Benni hielt Conny im Arm und wenn Karola nicht hinschaute, knutschten sie wild.
Als Conny gehen musste, brachte Benni sie bis zur Bushaltestelle. Der Bus ließ lange auf sich warten, aber das störte die beiden nicht wirklich.
„Am Samstag in zwei Wochen mach ich 'ne Party!", sagte Conny. „Ich darf auch Jungen einladen. Bei uns im Haus gibt es einen Partykeller, den man mieten kann. Kommst du?"
„Das ist ja super!", sagte Benni.
„Ich hab nämlich Geburtstag", sagte Conny, küsste ihn auf die Nase und stieg in den Bus.
„Das ist ja noch mehr super", sagte Benni und der Bus fuhr davon.

10.

Bis zu Connys Geburtstagsfete sahen sie sich relativ wenig. Benni musste jeden Abend bis zwanzig Uhr arbeiten, und Conny passte entweder auf Kleinsusanne auf oder lernte für die Schule.
„Ich muss bei meinen Eltern gut Wetter machen, damit sie mir die Fete nicht in letzter Minute verbieten", hatte sie ihm am Telefon erklärt.
Karola reiste ab und Benni konnte wieder in sein eigenes Zimmer ziehen. Da lag er abends unter seinem Flugmodell und träumte davon, mit Conny zu fliegen. Oder er überlegte, was er ihr zum Geburtstag schenken könnte.
Er wollte ihr etwas ganz Besonderes schenken, aber er merkte bald, dass das gar nicht einfach war. Er konnte ihr doch keinen Schmuck schenken? Ein Ring wäre doch total unpassend, vielleicht eher Ohrringe?
Freitag trafen sie sich nachmittags im Park. Kleinsusanne spielte im Sandkasten und Benni und Conny hatten Zeit, miteinander zu reden. Zu mehr kamen sie nicht, denn bei dem

schönen Wetter waren viele Menschen unterwegs und die Kinder tobten um sie herum. Conny erzählte von den Vorbereitungen zu ihrer Fete und wen sie alles eingeladen hatte. Ein bisschen grauste Benni davor, denn er würde niemanden kennen. Andererseits war Conny ja da und die anderen interessierten ihn sowieso nicht besonders.

„Und deine Mutter hat nichts dagegen, wenn ich da auftauche?“, fragte Benni skeptisch.

„So genau wollte sie das gar nicht mehr wissen“, sagte Conny und strahlte ihn an.

Benni fand dann doch noch ein Geschenk: ein Foto von sich und dazu eine CD, die Conny bestimmt gefallen würde und noch nicht hatte, das wusste er. Er zog sich richtig cool an. Mit rotem Hemd und gestylten Haaren machte er sich auf den Weg.

In Connys Haus zeigten ihm Schilder den Weg zum Partykeller, aber er hätte es auch so gefunden. Die Musik dröhnte laut durch das ganze Haus.

Der Partykeller war sehr voll. Conny hatte total viele Leute eingeladen. Benni kam sich etwas hilflos vor. Conny konnte er nirgends entdecken. Er drängelte sich zur Bar durch und bekam von einem Mädchen im superengen Shirt und mit einem schwarzen, netzartigen Schleier, der bis zum Boden reichte, einen Cocktail in die Hand gedrückt. Benni legte sein Geschenk in ein Regal hinter der Bar, stellte sich in eine Ecke und beobachtete die Leute auf der Tanzfläche. Er erkannte Connys Freundin, die wirklich gut tanzen konnte. Er tanzte auch gerne, aber so gut konnte er es nicht. Sie rief ihm etwas zu, aber Benni verstand sie nicht. Endlich sah er Conny. Sie trug ein blaues nabelfreies Shirt und einen Minirock. Benni fand, dass sie supersexy aussah. Ihre wilden Locken hatte sie zusammengebunden. Das machte ihr Gesicht noch schöner, fand Benni.

Sie ist der Superstar, dachte er stolz und winkte ihr zu. Conny kam gleich zu ihm und zog ihn mit sich.

„Ich will mit dir tanzen“, sagte sie.

„Herzlichen Glückwunsch“, sagte er.

„Mein Geschenk bekommst du später.“

Er hielt sie ganz fest, als wolle er allen zeigen, dass Conny seine Freundin sei und alle anderen die Finger von ihr lassen sollten. Aber so einfach war das gar nicht, denn nachdem Conny mit ihm getanzt hatte, kam ein anderer Junge und nahm sie mit zur Tanzfläche.
Ich bin ja nicht eifersüchtig, dachte Benni.
Er ging wieder zur Bar. Dann würde er eben mit ihrer Freundin tanzen, das dürfte ja kein Problem sein. Doch er konnte die Freundin nicht finden. Dafür tanzte er mit dem Mädchen von der Bar. Die tanzte völlig verrückt, es war Benni fast peinlich. Zum Glück war es so voll, dass niemand darauf achtete.
Langsam fühlte sich Benni sicherer.
Conny kam zu ihm und zeigte ihm ihre beiden Freundinnen, mit denen sie in der Schule zusammensaß. Auch ein paar Jungen stellte sie ihm vor. Dann tanzten sie wieder ausgiebig und eng umschlungen.
Benni kam nicht dazu, ihr sein Geschenk zu geben. In dem Trubel wollte er das auch nicht.
Ein etwas älterer Junge mit schwarzen längeren Haaren fiel Benni auf, weil er Conny und ihn die ganze Zeit beobachtete, wenn sie tanzten – jedenfalls kam es Benni so vor.

Doch als er Conny fragte, wer das sei, zuckte sie nur mit den Achseln und meinte, er solle ihn lieber vergessen. Ihr Vater habe darauf bestanden, ihn einzuladen. Benni wollte mehr darüber wissen, aber Conny zog eine Grimasse und hielt ihm den Mund zu.

Später ging Benni in einen Innenhof, wo mehrere Jugendliche standen, rauchten und redeten. Da kam plötzlich der Schwarzhaarige auf ihn zu und bot ihm eine Zigarette an. Benni lehnte dankend ab, rauchen fand er eklig.
„Und andere Drogen?“, fragte der Junge.
„Kein Bedarf“, antwortete Benni.
Der Typ war ihm unsympathisch.
„Du stehst nur auf Sex, was?“, sagte er und grinste breit.
„Wie kommst du denn darauf?“, fragte Benni.
„Na, ich hab doch gesehen, wie du mit Conny tanzt. Das sieht doch ein Blinder, dass du mit ihr ins Bett willst.“
„So ein Quatsch“, sagte Benni, er wollte gehen, aber der Andere hielt ihn am Ärmel fest.

„Warte mal“, sagte er leise. „Ich kenn Conny auch, von früher. Mein Vater ist mit ihrem Vater befreundet. Ich weiß einiges über die Kleine. Eigentlich kenn ich sie sogar richtig gut.“
„Interessiert mich nicht“, sagte Benni.
Der ging ihm echt auf den Keks.
„Hat sie dir schon ihr Tatoo gezeigt?“, fragte der Typ und grinste fies. „Na ja, an so einer Stelle, die nicht jeder zu sehen kriegt. Ich hab die Stelle schon gesehen und einige andere Jungen auch. Und nicht nur gesehen …“
„Du lügst doch“, sagte Benni erbost.
„Warum sollte ich?“, sagte der Typ, er wirkte immer lässiger. „Conny ist doch total scharf, die treibt's mit jedem, kannst du mir glauben. Jeder, der sie will, kann sie haben.
Also dir hat sie es noch nicht gezeigt, das finde ich ja supergeil!“ Er lachte höhnisch.
„Anscheinend treibt sie mal wieder ein Spielchen mit einem Opfer“, sagte er.
„Und du bist die arme Sau.“
Am liebsten hätte Benni ihm eine reingehauen, aber das traute er sich nicht. Er wollte auch wirklich keine Schlägerei auf Connys Geburtstagsfete anfangen. Er drehte sich um und ging zurück in den Keller.

Doch seine gute Laune war wie weggeblasen. Er wollte mit Conny reden, jetzt gleich, wollte das sofort klären. Aber plötzlich wurde ihm klar, dass das gar nicht so einfach war.
Er konnte sie doch nicht fragen, ob sie mit jedem Jungen ins Bett stieg. Aber so tun als ob nichts wäre, konnte er auch nicht mehr.
„Ich fühl mich nicht so gut", sagte er zu dem Mädchen hinter der Bar. „Kannst du das Conny ausrichten? Danke."
Und weg war er, einfach so, ohne richtig zu überlegen, bloß weg hier.
Zu Hause schlich er in sein Zimmer. Seine Eltern brauchten wirklich nicht zu wissen, dass er schon wieder zurück war. Er wollte keinen Menschen sehen, vor allem keine Fragen beantworten.
Er warf sich auf sein Bett und heulte drauflos. Das brauchte auch niemand zu sehen. Das ging keinen etwas an. Wieso hatte er diesem blöden Typen überhaupt zugehört? Wieso hatte er ihm nicht einfach einen Tritt verpasst? Und zu allem Überfluss stellte er sich auch noch vor, wie Conny mit dem schwarzhaarigen Typen tanzte und er sie anbaggerte.

11.

Der Sonntagmorgen war die reinste Katastrophe. Benni blieb bis zehn im Bett. Er hörte Radio, klassische Musik. Die hörte er sonst nie. Das klang richtig furchtbar und war genau die Schrottmusik zu seiner Schrottstimmung. Einschlafen konnte er auch nicht mehr. Seine Eltern ließen ihn zum Glück in Ruhe und gingen bald aus der Wohnung.
Er ging ins Bad, duschte, erst heiß, dann eiskalt. Aber danach fühlte er sich auch nicht besser, sondern eher noch schlimmer, ausgequetscht wie ein alter Waschlappen.
Er machte sich Kaffee. Als er trank, verbrannte er sich die Zunge. Essen mochte er gar nichts, obwohl lecker duftende Brötchen auf dem Tisch standen. Die ekelten ihn regelrecht an.
Er ging in sein Zimmer, wo jetzt eine Opernsängerin in den höchsten Tönen jaulte wie ein vergifteter Hund, grimmig stellte er das Radio aus.
Er machte sein Handy an – eine SMS von Conny, aber er löschte sie, ohne sie zu lesen. Gleich darauf bereute er es.

Vielleicht stimmte das alles überhaupt nicht, was der Typ über Conny erzählt hatte? Vielleicht hatte der sogar unter Drogen gestanden? Vielleicht machte der Conny nur schlecht, weil er selbst an ihr interessiert war? Und er war genau darauf reingefallen? Er brauchte Conny nur anrufen und so tun, als ob nichts passiert wäre und alles wäre wieder gut. Wirklich alles?
Ja wirklich, Benni machte sich Mut.
Alles ganz einfach. Er ging zum Telefon, wählte Connys Nummer und legte auf, ehe das erste Klingelzeichen ertönte.
Und was sollte er bitte schön sagen, wenn Conny ihn fragte, warum er gestern so plötzlich abgehauen war? Und was sollte er machen, wenn alles stimmte, was der idiotische Typ erzählt hatte? Wenn Conny nur so tat, als ob sie ihn mochte und nebenher hatte sie noch tausend andere Jungen?
Ein Spielchen eben?
Und alle würden sich über ihn totlachen?
Benni legte ein uraltes Kindervideo ein, Jim Knopf und Lukas der Lokomotivführer.
Das lenkte ihn ab. Den ganzen Tag sah er sich ein Video nach dem anderen an. Alte Videos

und alles, was sich so angesammelt hatte. So verging die Zeit und er brauchte nicht grübeln. Abends war er völlig erledigt und schlief erschöpft ein.

Montagmorgen fühlte er sich kein bisschen besser. Beim Frühstück sagte seine Mutter, ein Mädchen habe angerufen, den Namen habe sie aber nicht verstanden.

„Wer ruft denn so früh an?“, fragte sie neugierig.

„Ist egal“, sagte Benni und machte sich auf den Weg zur Arbeit.

Jetzt war er voller Hass. So eine Art Selbsthass, der an ihm fraß wie ein Krebsgeschwür. Irgendwo in seinem Innern wusste er genau, dass er Conny Unrecht tat. Aber er konnte nicht dagegen angehen und so tun, als ob nichts wäre. Wenn ein Gedanke auftauchte, der ihn hätte versöhnlich stimmen können, fiel der Selbsthass darüber her und zerfetzte ihn wie altes Zeitungspapier. Als müsse der Hass in ihm wüten, um ihn für

seine Dummheit zu bestrafen. Er konnte den Hass einfach nicht abstellen.
Die Arbeit im Geschäft lenkte ihn nur wenig ab. Er bekam kaum mit, was um ihn herum vor sich ging. Zwar machte er nichts falsch und zum Glück war der Chef den ganzen Tag nicht da, aber als eine Kollegin ihn einmal etwas fragte, verstand er kein Wort und zuckte nur mit den Schultern.
Er musste die ganze Zeit an Conny denken. Er hatte sie so sehr gemocht. Er hatte wirklich noch nie ein Mädchen gekannt, für das er so starke Gefühle gehabt hatte. Er war so glücklich gewesen. Sie konnte so süß lachen und ihre Locken dufteten so gut und kitzelten einen an der Nase und …
Er musste aufhören an sie zu denken, sonst bekam er noch das große Heulen.
Am besten, er schoss sich eine Kugel in den Kopf, dann wäre alles sofort aus und vorbei, und hinterher konnten sie um ihn trauern.
Ob Conny um ihn trauern würde?

Dienstagfrüh sagte Bennis Mutter, das Mädchen habe schon wieder angerufen, er solle bitte zurückrufen. Bennis Mutter hatte die Nummer auf einen Zettel geschrieben.
Es war Connys Nummer. Den ganzen Tag trug er den Zettel mit sich herum, rief aber immer noch nicht an.
Strafe, Strafe, Strafe, tönte eine Stimme in seinem Kopf, wie ein gehässiger Gnom.
Es musste doch einen Ausweg geben, überlegte er krampfhaft. Wenn Karola da wäre, die hätte sicher eine Idee gehabt und einen Weg aus dem Schlamassel gefunden.
Vielleicht sollte er sie anrufen und sie um Rat bitten? Die hatte die Situation doch schon einmal gerettet.
Der Gedanke erleichterte Benni ein wenig und als er abends nach Hause kam, suchte er Karolas Nummer heraus und wollte gerade wählen, als sein Handy summte.
Benni griff schnell danach und sah, eine SMS war angekommen.
Diesmal las er sie:
„Ich hocke auf dem Dach von unserm Haus“, schrieb Conny, „es ist sehr hoch.“
Was war denn das? überlegte Benni.

Ein blöder Witz etwa? Da kam noch eine SMS: „Mir ist schrecklich schwindelig, der reinste Horror hier oben. Conny."
Was war denn los? Benni las beide Nachrichten noch einmal. Warum hockte Conny auf dem Dach? Das Haus hatte doch mindestens zehn Stockwerke. Was wollte sie denn da oben?
Da kam die dritte SMS: „Ich habe Angst!"
Nein, das war kein Scherz.
O Gott, dachte Benni plötzlich und er zitterte vor Aufregung. Wer weiß, was der Typ alles zu Conny gesagt hatte und was sie sich gedacht hatte? Und er hatte sich nicht gemeldet und sie hatte vielleicht gedacht, dass er Schluss machen wollte?
Aber warum war sie aufs Dach geklettert?
Wieder kam eine SMS von Conny: „Ich bin nicht schwindelfrei und trau mich nicht zurück. Hilfe! Ich hab tierische Angst."
Benny antwortete: „Bleib ruhig, ich komme!"
Sollte er die Polizei verständigen? Oder die Feuerwehr? Mit dem Fahrrad brauchte er mindestens eine halbe Stunde bis zu Connys Haus.
Plötzlich bekam Benni Panik. Was war, wenn Conny runterspringen wollte? Ihm stockte der

Atem, aber er wusste noch immer nicht, was er tun sollte. Die Feuerwehr konnte ein Sprungtuch aufspannen. Aber bis die Feuerwehr da wäre, würde viel zu viel Zeit vergehen.
„Ich komme“, schrieb er noch einmal. „Bleib ruhig. Ich bin schon auf dem Weg.“
Er wusste genau, wenn jemand nicht schwindelfrei war und Panik bekam, stürzte er sich einfach in die Tiefe. Magisch angezogen vom Abgrund, einfach so.
Benni raste die Treppen hinunter, rannte in den Keller und wollte sein Rad holen. Aber der Hinterreifen war platt. Er benutzte das Rad viel zu selten. Er rannte auf die Straße zur nächsten Kreuzung, dort wusste er, standen manchmal Taxis. Wieder kam eine SMS: „Benni Hilfe!“
Er wählte Connys Nummer. Er wollte mit ihr sprechen, ihr sagen, dass er käme … Da merkte er, dass sein Akku leer war. Er bekam keine Verbindung mehr und eine SMS konnte er auch nicht mehr schicken. Das Handy stellte sich einfach aus. Zum Glück bekam er sofort ein Taxi, riss die Tür auf, sprang hinein, gab dem Fahrer die Adresse und bat ihn, möglichst schnell zu fahren.

12.

Benni konnte es kaum ertragen. Das Taxi fuhr viel zu langsam. Vor ihnen bummelte ein Kleinlaster, der bog zum Glück an der nächsten Kreuzung ab. Dann kam eine Ampel und es dauerte ewig, bis es Grün wurde. Danach konnten sie einen Bus nicht überholen.
Schneller, dachte Benni nur, schneller, warum geht es nicht schneller?
Endlich bog das Taxi in die Straße ein.
Benni gab dem Fahrer einen Schein, sprang raus, wartete nicht auf das Wechselgeld und blickte zum Dach, aber er konnte nichts erkennen. Er lief zur Haustür.
Sie war nur angelehnt. Wo war der Fahrstuhl? Er konnte den Aufzug nicht gleich finden, also rannte er durchs Treppenhaus hinauf.
In der fünften Etage konnte er nicht mehr vor Anstrengung und hielt sich am Geländer fest.
Er holte tief Luft. Dann ging er etwas langsamer weiter, atmete schwer.
In der siebten Etage war das Treppenhaus zu Ende. Es gab eine Tür, die offensichtlich

zum Dachboden führte, aber Benni bekam sie nicht gleich auf.
Sie konnte doch nicht verschlossen sein, überlegte er. Er stemmte sich mit aller Kraft dagegen. Dann gab es einen Ruck und die Tür ging mit Schwung auf. Benni knallte gegen die Wand, das tat weh. Er stieg die Holztreppe zum Dachboden hoch. Es war dunkel. Er konnte kaum etwas erkennen. Einen Lichtschalter konnte er auch nirgends finden.
Er suchte eine Luke, die aufs Dach hinausführte. Für den Schornsteinfeger musste es doch solch eine Luke geben. Conny war doch auch irgendwie hier rausgekommen.
Und wenn sie gar nicht dieses Dach gemeint hatte? Benni fluchte in sich hinein.
Er stolperte über einen Haufen alter, kaputter Stühle, sein Schienbein schmerzte.
„Conny?", rief er. „Wo bist du?"
Er bekam keine Antwort, nichts.
Es war sehr still und unheimlich.
Benni lief es kalt den Rücken hinunter.
Er kam zum gemauerten Kamin, und da entdeckte er die rostigen Sprossen, die nach oben zu einer dreckigen Dachluke führten.
Er kletterte hinauf und drückte die Dachluke

mit den Schultern auf, so weit, dass er hinaussehen konnte.
Es war noch hell draußen. Zuerst sah er nur den Dachfirst und die Kaminwand.
Keine Conny, nichts.

Er zwängte sich aus der Luke, hielt sich am Kamin fest und blickte zur anderen Seite.
Da war sie, ganz am Ende des Daches hockte Conny auf dem First und hielt sich an einem Metallmast fest, eine Antenne oder etwas Ähnliches. Sie hockte wie ein Häuflein Elend da, umklammerte den Mast und hielt ihr Handy in der Hand.
„Conny!“, rief Benni.
Sie hatte ihn nicht gehört.
Er rief lauter.
Langsam drehte sie den Kopf in seine Richtung.
„Ich komme!“, rief Benni. „Bleib, wo du bist! Sieh nicht runter!“
„Benni!“, schrie Conny.
„Halt dich bloß fest!“, rief Benni.

„Ich helf dir. Bin gleich da."
Langsam stemmte er sich aus der Dachluke und hockte sich auf den Dachfirst. Das Dach, ein altes Schindeldach, fiel zu beiden Seiten steil ab. Wer hier runterfiel war verloren, dachte Benni. Ihm machte die Höhe nichts aus. Was ein Glück, dass er schwindelfrei war, absolut schwindelfrei. Er hätte auf dem First balancieren können, freihändig! Und wenn die Situation nicht so kritisch gewesen wäre, hätte er dazu ein Liedchen pfeifen können. Aber er wollte nichts riskieren und schob sich Meter für Meter bis zu Conny vor. Endlich war er bei ihr.
„Benni", schluchzte sie und klammerte sich an ihn.
Benni nahm sie in die Arme und beruhigte sie. „Alles ist gut, du brauchst keine Angst mehr zu haben", sagte er und hielt sie ganz fest.
„Ich hab so schreckliche Panik, dass ich runterfalle", schluchzte Conny.
„Jetzt kann dir nichts mehr passieren", sagte Benni. „Ich halt dich fest und wir kriechen zurück."
Er zeigte ihr, wie sie sich auf den Dachfirst setzen sollte. Dann rutschten sie beide bis

zur Kaminmauer zurück. Benni hielt sie die ganze Zeit fest und gab ihr die nötige Sicherheit. Er spürte, wie sie vor Angst zitterte. Auf dem Dachboden sackte Conny in sich zusammen. Weinen und Schluchzen schüttelten sie. Benni nahm sie in die Arme und hielt sie einfach nur fest.

Als Conny sich nach längerer Zeit wieder beruhigt hatte, sagte sie leise: „Ich kann jetzt nicht nach Hause. Meine Eltern kann ich jetzt nicht vertragen."
„Du kannst mit zu mir kommen", meinte Benni.
Sie verließen den Dachboden und schlichen durchs Treppenhaus – an der Wohnung von Connys Familie vorbei, ohne dass sie jemand bemerkte.
Auf der Straße hielt Benni wieder ein Taxi an, sein Geld würde gerade noch für die Rückfahrt reichen, aber diesmal ließ er sich das Wechselgeld geben.
Bennis Mutter öffnete ihnen die Wohnungstür. Sie wollte etwas fragen, aber Benni schnitt ihr

das Wort ab: „Ist schon o.k., Mama, sag jetzt einfach mal gar nichts. Das ist Conny. Sie hat gerade etwas richtig Uncooles erlebt und schläft heute Nacht in meinem Zimmer."
Bennis Mutter sagte nur: „Dann kommt mal herein. Ich bring euch etwas zu trinken, einen Tee vielleicht?"
In diesem Moment fand Benni seine Mutter wirklich super.
Conny rief zu Hause an und erklärte ihren Eltern mit stockender Stimme, sie sollten sich bitte keine Sorgen machen. Sie würde bei einer Freundin bleiben, über Nacht.
Und ehe die Eltern etwas einwenden konnten, legte sie auf.
Dann kugelte sie sich auf Bennis Bett zusammen, wie ein Igel im Winterschlaf.

13.

Benni saß schweigend auf dem Rand seines Bettes. Er traute sich nicht, Conny anzufassen, obwohl er doch nur seinen Arm ausstrecken brauchte. Sie wirkte irgendwie abweisend und isoliert.
Er schwieg und starrte vor sich auf den Boden.
Er wusste auch nicht, was er sagen sollte.
Jetzt war die Gefahr vorüber, aber er konnte sich gar nicht richtig darüber freuen.
Wie hatte es überhaupt dazu kommen können?, überlegte er. Warum war sie aufs Dach geklettert? Hatte sie wirklich herunterspringen wollen? Wahnsinn!
Benni schluckte.
Er sagte ganz leise: „Conny?“, aber sie reagierte nicht.
Bennis Mutter klopfte an die Tür und brachte ein Tablett mit zwei Bechern Tee. Sie stellte es auf den Schreibtisch und verschwand wieder, ohne blöde Fragen zu stellen. Benni fand sie immer noch echt cool.
„Conny, möchtest du Tee?“, fragte Benni leise.
Da merkte er, dass Conny weinte.

Ihre Schultern bebten und sie zitterte am ganzen Körper.
Benni nahm sie in die Arme und tröstete sie mit leisen Worten. Er streichelte über ihre Haare, er wiegte sie leicht und er drückte ganz sanfte Küsse auf ihren Nacken.
„Alles wird gut“, sagte er. „Alles ist gut.
Ich mag dich doch, Conny, meine Superfrau.“
So verging viel Zeit, bis Conny sich endlich beruhigte und ihm ihr verweintes Gesicht zuwendete. Zuerst küsste er ihr die Tränen weg und dann küssten sie sich auf den Mund, lange und innig.

Und dann konnten sie endlich darüber sprechen.
„Was wolltest du da oben?“, fragte Benni.
„Wolltest du ...?“
Conny schüttelte heftig den Kopf. Sie fragte:
„Warum hast du dich nicht mehr gemeldet?
Warum hast du mich plötzlich nicht mehr angerufen? Warum bist du auf meiner Fete einfach abgehauen?“

Benni wurde ganz verlegen. Sollte er ausgerechnet jetzt über die blöde Verleumdung sprechen?
„Es tut mir Leid“, sagte er zerknirscht. „Ich weiß auch nicht, was in mich gefahren war. Auf der Fete war ich eifersüchtig, weil ... Ja, ich war schrecklich eifersüchtig.“
„Weil ich mit einem anderen Jungen getanzt habe?“, fragte Conny ungläubig.
Benni nickte und biss sich auf die Lippen.
„Deshalb brauchst du doch nicht eifersüchtig zu sein!“, sagte Conny entrüstet und ein ganz leichtes Lächeln glitt über ihr Gesicht.
„Benni ist eifersüchtig? Ich fass es nicht, mein Benni!“, sagte sie und schüttelte immer wieder den Kopf.
„Dafür hab ich mich ja auch geschämt“, sagte Benni kleinlaut. „Ich werde nie wieder eifersüchtig sein und du kannst tanzen, mit wem du willst. Wirklich, das kannst du mir glauben!“
„Das werde ich auch“, sagte Conny. Ihre Augen bekamen die dunkle Farbe zurück.
„Das kannst du mir glauben! Ich gehöre doch nicht dir allein, nur weil wir beide uns so mögen.“

„Natürlich kannst du mit anderen Jungen tanzen“, sagte Benni. „So oft du willst. Aber weshalb bist du nun aufs Dach geklettert?“
„Ich wollte dir beweisen, wie sehr ich dich mag“, versuchte Conny zu erklären. „Ich habe gedacht, wenn ich dir hoch oben vom Dach eine SMS schicke und dir sage, dass ich meine Höhenangst überwunden habe, nur für dich, dann findest du mich wieder richtig toll.“
Benni starrte sie ungläubig an.
„Ich weiß doch, dass du Menschen nicht ausstehen kannst, die nicht schwindelfrei sind“, sagte Conny und zeigte auf das Segelflugmodell, das über ihnen unter der Decke schwebte.
„Deshalb?“, fragte Benni. Er konnte es immer noch nicht glauben. „Nur weil ich das einmal gesagt habe? Das war doch nur so dahergeredet. Das war doch völlig unwichtig.“
„Aber ich hab’s geglaubt“, sagte Conny.
„Als ich dann da oben hockte, hatte ich nur noch Angst, schreckliche Angst.“
„Du Ärmste“, sagte Benni und küsste Conny schnell, verschloss ihr den Mund mit vielen zärtlichen Küssen, denn sie wollte noch etwas sagen.

Erst als sie Luft holte, sagte sie: „Magst du mich denn auch, obwohl ich nicht schwindelfrei bin?“
Benni machte ein ernstes Gesicht, als müsse er sehr gewissenhaft darüber nachdenken.
„Auch wenn ich niemals in ein Segelflugzeug einsteigen werde, bestimmt niemals?“, fragte Conny.
Benni schnitt eine Grimasse wie Piet. Er blickte vom Segelflugzeug zu Conny, legte die Stirn in Falten, aber plötzlich lachte er auf, kitzelte Conny und zog sie an sich.
„Aber klar mag ich dich“, sagte er. „So sehr dass ich dich jetzt auffresse, ganz und gar auffresse.“
Und dann vergaßen sie ihr Erlebnis auf dem Dach und schmusten und spürten, wie glücklich sie zusammen waren.
Eins nahm Benni sich vor: Was der schwarzhaarige Junge da gesagt hatte, würde er schnellstens vergessen, denn das war alles Lüge. Er vertraute Conny und er wollte sie mit solchem Lügenschrott nicht belästigen.
Ja, er vertraute ihr. Und sie ihm. Und ihr Geburtstagsgeschenk würde er ihr später einmal geben. Wo war das überhaupt?

Lag das noch im Partykeller?
„Ich mag dich“, sagte er einfach.
„Das musst du auch“, sagte sie und lächelte verschmitzt. „Denn heute Nacht schlafe ich in deinem Bett.“
„Hoffentlich geht das gut“, sagte Benni.
„Bestimmt“, sagte Conny.
Sie wurde ganz ernst und sah Benni an.
Dann sagte sie: „Aber da läuft nix. Das finde ich noch zu früh. Ist das o.k. für dich?“
„Das ist o.k.“, sagte Benni. „Das heben wir uns für Weihnachten auf. Dann kann ich mich jetzt schon darauf freuen!“
„Au ja!“, sagte Conny. „Aber bis Weihnachten ist es noch sieben Monate hin?!“
„Na ja, vielleicht können wir ja auch schon früher Weihnachten feiern?“, überlegte Benni.
„Nichts da!“, sagte Conny. Sie schlang ihre Arme um Benni und dann hörten sie nicht mehr auf mit dem Küssen und Schmusen und Streicheln, fast die ganze Nacht nicht mehr.
Viel später schliefen sie aneinander gekuschelt ein, tief und traumlos und ohne Angst.

Schluss

Kurz vor den Sommerferien bekam Benni einen Brief von Karola. Sie schrieb:
Lieber Benni, liebe Conny, ich denke oft an euch. Wie geht es euch? Ich habe einen Mann kennen gelernt, der bei einer Firma arbeitet, die Segelflugzeuge baut. Sie haben einen Prototypen entwickelt, mit dem man zu dritt segelfliegen kann. Ich habe ihn gefragt und er ist bereit, euch beide auf einem Flug mitzunehmen. Ihr müsst nur nach Hamburg kommen! Vielleicht klappt es ja in den Sommerferien? Ich würde mich sehr freuen, euch wiederzusehen. Und der Mann möchte euch auch gerne kennen lernen. Er ist nämlich mein neuer Freund! Er ist total nett und wir verstehen uns supergut.
Ist das nicht cool?
Bis bald dann! Ich rechne fest mit euch!
Grüße von Karola.
Benni zeigte Conny den Brief. Sie sagte erst einmal gar nichts. Benni schwieg.
Conny schluckte und drehte den Brief in der Hand. Sie sagte noch immer nichts.

Benni sagte leise: „Weißt du, man kann das trainieren."
„Was trainieren?", fragte Conny und legte die Stirn in tiefe Falten.
„Na ja, schwindelfrei zu sein", sagte Benni. „Das ist überhaupt nicht schwer. Ich helfe dir. Ich bin immer dabei. Du brauchst überhaupt keine Angst zu haben."
„Du lässt mich nicht allein?", fragte Conny.
„Niemals!", sagte Benni. „Versprochen!"
Conny grübelte. Dann sagte sie: „Na gut, Benni, dann trainiere mal mit mir."
Benni strahlte und sagte: „Super, du bist einfach super. Du bist überhaupt die Schönste und die Mutigste. Ich werde Karola sagen, dass wir kommen. Super!"
Und so kam es, dass Benni und Conny nach Hamburg fuhren und mit einem Segelflugzeug in den blauen Himmel hinaufstiegen. Es war ein unglaublich tolles Erlebnis.